Ma gardienne est sourde... puis après?

Texte de Noëmie Forget

Illustrations de Tommy Doyle

QUÉBEC AMÉRIQUE jeunesse

Catalogage avant publication de Bibliothèque et Archives nationales du Québec et Bibliothèque et Archives Canada

Forget, Noémie
Ma gardienne est sourde-- puis après?
Pour les jeunes.
ISBN 978-2-7644-0790-5
I. Doyle, Tommy. II. Titre.

PS8611.O753M32 2011 jC843'.6 C2010-941820-4
PS9611.O753M32 2011

Conseil des Arts du Canada Canada Council for the Arts

SODEC Québec

Nous reconnaissons l'aide financière du gouvernement du Canada par l'entremise du Fonds du livre du Canada pour nos activités d'édition.

Gouvernement du Québec – Programme de crédit d'impôt pour l'édition de livres – Gestion SODEC.

Les Éditions Québec Amérique bénéficient du programme de subvention globale du Conseil des Arts du Canada. Elles tiennent également à remercier la SODEC pour son appui financier.

Québec Amérique
329, rue de la Commune Ouest, 3e étage
Montréal (Québec) H2Y 2E1
Téléphone : 514 499-3000, télécopieur : 514 499-3010

Dépôt légal : 1er trimestre 2011
Bibliothèque nationale du Québec
Bibliothèque nationale du Canada

Projet dirigé par Marie-Josée Lacharité
Révision linguistique : Céline Bouchard et Alexie Morin
Conception graphique : Célia Provencher-Galarneau
Illustrations : Tommy Doyle

Imprimé en Chine
10 9 8 7 6 5 4 3 2 1 15 14 13 12 11

www.quebec-amerique.com

Pour la magnifique Salomé,
le coquin de Tim-tim,
et la jolie Louisi,
Gros, gros bisous xxxxx
Noëmie

Aux sourds et aux entendants,
pour une société ouverte à la différence.
Noëmie

À ma précieuse famille qui a toujours su me supporter
et m'encourager dans la poursuite de mes rêves.
Tommy

Coucou ! Vous me reconnaissez ?
C'est moi, Aglaé !

Mimi, ma gardienne, n'est pas très loin. Et juste à côté, c'est Cowboy, son chien.

Quand je passe la journée avec Mimi,
tout est différent, car elle est sourde
alors que moi, j'entends.

Mais Mimi, elle arrive toujours à se débrouiller.
Vous allez comprendre, je vais vous expliquer…

Mimi n'entend pas.
AGLAÉ entend.
Cowboy entend.

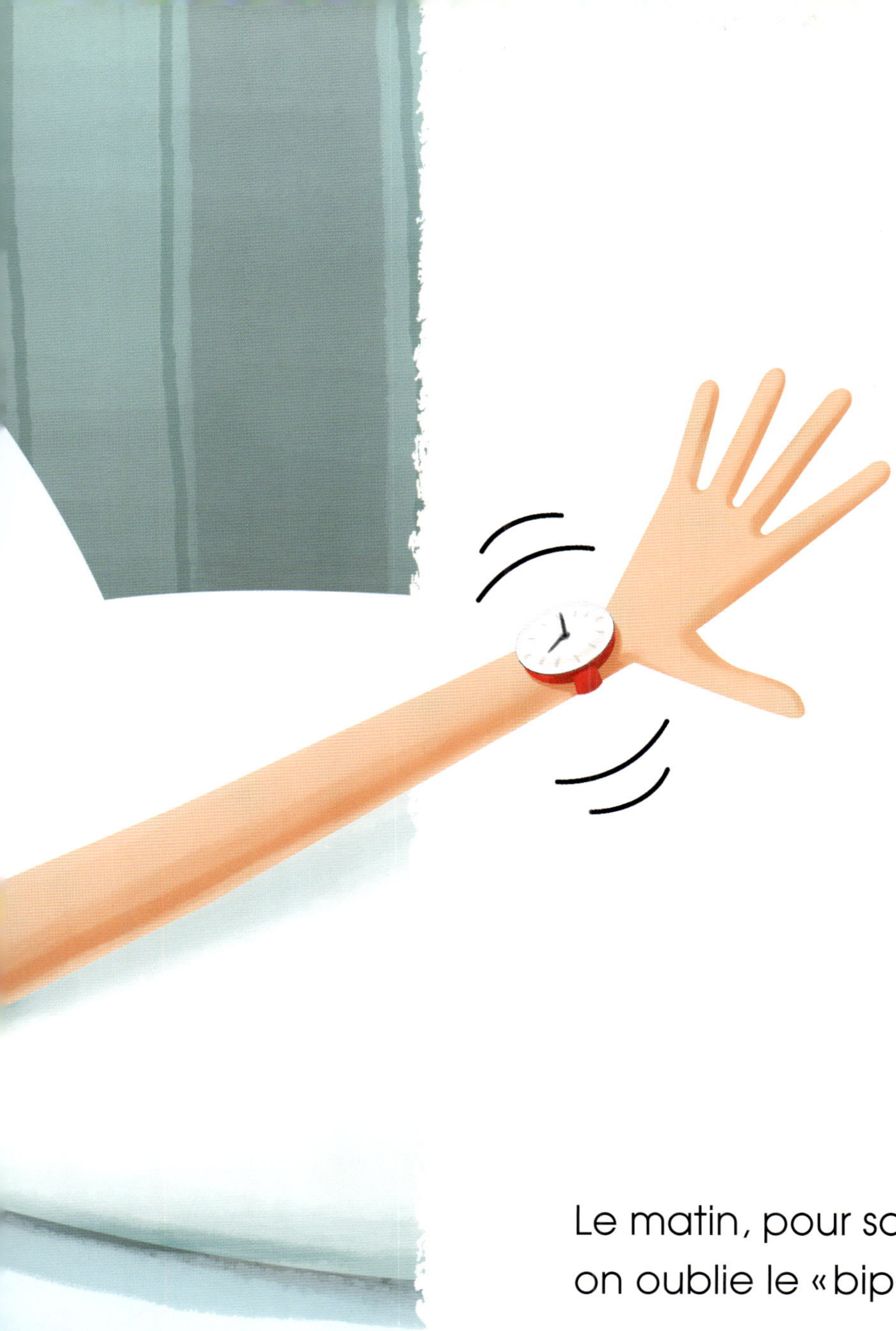

Le matin, pour sortir Mimi du lit,
on oublie le « bip-bip » d'une sonnerie.

Son réveille-matin, elle le porte au poignet.
C'est une montre qui vibre. Pour elle, c'est parfait !

Mimi est sourde, mais ses parents ne le sont pas. Ça arrive, parfois, comme ça.

D'autres fois, c'est l'inverse. C'est surprenant ! Des parents sourds ont des enfants entendants.

Si nous, on entend le téléphone sonner, pour Mimi, un autre moyen doit être utilisé.

Dans toutes les pièces de sa maison, les lumières clignotent pour attirer son attention.

Mimi veux-tu...

«... aller faire

du vélo? »

Pour parler à ma gardienne préférée, je dois appeler une téléphoniste spécialisée.

La téléphoniste écrit ce que je veux dire à Mimi, et me lit ce que Mimi m'écrit.

Mimi adore faire du vélo. Malheureusement, elle n'entend pas le chant des oiseaux.

Toutefois, grâce à ses appareils auditifs, elle perçoit le bruit des klaxons et tous les sons vifs.

3.50

Quand Mimi prévient quelqu'un
qu'elle n'entend pas,
elle ne sait jamais comment
la personne réagira.

Ça ne sert à rien de crier.
Il suffit de parler normalement
et de bien articuler.

Dans certains endroits, comme chez le docteur ou à l'école, un interprète doit faire en signes ce qui est dit en paroles.

C'est comme si l'interprète prêtait ses oreilles et sa voix à Mimi pour que chacun soit bien compris.

HA! HA! HA!
Ça chatouille! –

Lorsqu'on mange ensemble, pour avoir un bon échange, il ne doit pas y avoir d'objets entre nous qui dérangent.

S'il fait trop noir ou que ma bouche est cachée, Mimi ne peut lire sur mes lèvres, ni moi la voir signer.

Entre nous, on communique aussi avec nos mains. Sous l'eau ou même de très, très loin.

Il existe des signes pour presque tout... Même pour Cowboy et ses mauvais coups !

Il est fou ce chien!

Pour que Mimi puisse regarder la télévision, il doit y avoir des sous-titres dans les émissions.

Alors, ma gardienne peut lire ce qu'on entend : les paroles, les bruits, la musique, tout est inscrit à l'écran.

Mimi, Cowboy et moi, on est inséparables.
Être ensemble, c'est toujours agréable.

On aime rire, faire les fous, s'amuser. Entendant ou sourd, l'important c'est de s'accepter.

Mes premiers signes de la Langue des signes québécoise

Papa

Eau

École